WORD SEARCH

FOR KIDS

AGES 9 TO 12

INSTRUCTIONS

Welcome, now I'll explain in brief the instructions and some small tips to fully enjoy this book. The word search is a great book game to learn new words and to keep your head and mind trained. There are 100 word searches, one on each page, always with a different theme. You will be given a list of words that you will have to find in a square filled with letters. Your task will be to find the words hidden in the grid and circle or cross them out. The words can be found horizontally, vertically, diagonally, forwards or backwards and more than one word can be overlapped. It is recommended to use a pencil and not pens or markers! This way it will be very easy to erase the mistakes made. Don't worry if you can't find all the words because at the end of the book there are all the solutions. Below is an example of word search that will clear up any doubts!

Have fun and happy word searching!

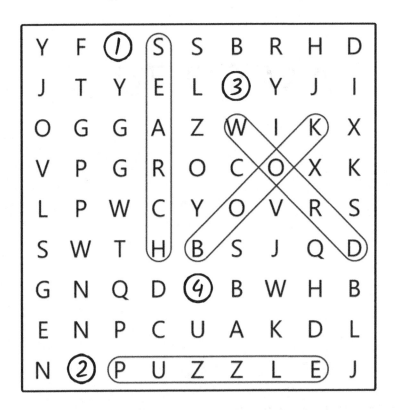

(1) VERTICALLY
(2) HORIZONTALLY
(3) DIAGONALLY
(4) BACKWARDS

ACCESSORIES

```
R H U G M U G Z H D O U A
S W I C T M S N P C O M B
X S V W U P S T R F H B W
V O J G H X B S M J X R O
P G H S A E E U G B M E B
A S T A I T T N U O Y L A
K R E T R H I G O W G L C
P Y W G C R E L H A E A K
W O I T L Y V A V L K G P
B E A R I O J S D L O O A
C W K R P G V S Q E N N C
V C T U S H B E L T N K K
H V R Y R Z D S S V V C R
```

SUNGLASSES UMBRELLA
WALLET   BACKPACK
HAIR CLIPS GLOVES
RING   TIE
WATCH   BOW TIE
COMB   BELT

ADJECTIVE

```
Q  Z  P  H  E  W  J  Y  E  W  Z  B  U
Y  M  M  C  J  R  R  Z  D  I  R  Y  N
S  H  N  L  O  G  S  W  U  T  G  Z
U  R  Y  E  N  G  K  G  F  U  N  N  Y
Z  F  B  A  D  O  R  A  B  L  E  V  V
C  L  N  N  V  C  L  E  V  E  R  N  R
E  Y  F  C  R  M  L  W  Z  R  V  I  Q
M  A  E  H  O  T  Y  Z  R  H  O  U  L
K  P  W  J  N  S  T  M  C  X  U  R  W
F  C  A  E  A  N  X  I  O  U  S  X  E
E  P  G  E  V  I  R  A  R  W  D  F  B
H  S  X  I  S  C  B  Q  O  E  O  M  V
A  C  H  O  B  E  W  Q  U  U  D  A  U
```

FUNNY	EASY
NERVOUS	CLEVER
CLEAN	ANXIOUS
RICH	TIRED
ANGRY	ADORABLE
NICE	GENTLE

AFRICA

```
N V H F R H N O H X O G I
J S S E Y C H E L L E S S
X Z A O F R I K I A G E E
G U X F M O O T O A C Z N
B A M A D A G A S C A R E
V V C C Z S L A T O R B G
I M A U R I T I U S I Q A
K M M I E Z C U A D M I L
G Z E M G A B O N B B S Q
B J R A Y N U U I I Q Y X
A J O V P F R L M P S A M
Q O O T T U P A O E B I K
O Y N P B T N I G E R I A
```

NIGERIA   MAURITIUS
SENEGAL   EGYPT
SOMALIA   TUNISIA
GABON   NAMIBIA
BURUNDI   MADAGASCAR
CAMEROON   SEYCHELLES

AIRPORT

```
J L Y M P F L Y I N G P R
E L A T F I N N O H F L S
P K G A I R L I N E S F A
K X D Z S C T O P S A W F
K V C B S A K Y T K Z T E
Q S B O C S D E P J M N T
I G Z A O V X X T L A C Y
O E V R G R M F E L M F X
X R H D B G E V P C V O X
G S Y I R C A R R Y O N N
C U O N Q R I G R L P D E
Z N S G T A O N E H X T G
D E S T I N A T I O N K U
```

AIRLINES   TRAVEL
AIRPLANE   SAFETY
TICKET   CARRY ON
VACATION   FLYING
DESTINATION BOARDING
PILOT   BAGGAGE

ANIMALS

```
F  S  Q  U  I  R  R  E  L  R  D  S  W
I  N  S  G  B  Q  E  J  R  H  J  U  C
K  A  N  G  A  R  O  O  C  X  C  A  F
I  I  W  U  N  M  T  Y  I  Q  A  W  E
K  L  I  O  N  A  I  G  N  J  Y  R  O
K  E  G  R  G  F  C  N  B  K  E  H  P
X  A  Y  I  A  H  J  Y  C  G  L  C  W
U  G  L  J  E  B  J  J  I  J  E  P  B
T  L  A  Y  Y  D  B  T  G  H  P  S  E
A  E  I  R  T  Z  G  I  I  O  H  S  D
F  I  L  R  S  N  F  I  T  G  A  J  S
A  U  E  B  X  Q  B  A  U  B  N  T  L
I  M  Q  G  D  A  C  H  E  E  T  A  H
```

ALLIGATOR   CAT

KANGAROO   ELEPHANT

RABBIT   SQUIRREL

EAGLE   SNAIL

GOAT   TIGER

LION   CHEETAH

APPLIANCES

```
C I U O A R T A P S C F F
J L N N E B G O N R C R X
D M R C G M H E A O W I M
Q M I X E R S S G S V D X
B U I Z B P C C H X T G T
J L F C S X M R N Y J E F
G R E F R I G E R A T O R
I P Q N C O O K T O P D E
Q N C T D V W A S H E R E
B V P O Q E T A G R D Y Z
H L B Z U V R P V Y B E E
T D I S H W A S H E R R R
J R X J N H M J R E H L Y
```

DRYER   REFRIGERATOR

TOASTER   COOKTOP

JUICER   MICROWAVE

BLENDER   WASHER

MIXER   DISHWASHER

FREEZER   FRIDGE

 # AQUATIC

```
E F C O G S Z W Y X G X T
X S O C T F Y D R S I Q T
R M M T E R I D J T B E S
T F Q O N S I V D A O A T
J J C P D U S H R R F A I
J L B U Q M E C N F C A N
O L L S T G V E N I F N G
P O B D H O L O B S T E R
H E W Y C A I J D H I M A
Y N Q Z H L R F G D H O Y
W I S W A P S K N Z G N K
J I S E A L F E T O B E O
T Y S E A H O R S E V M N
```

CRAB   LOBSTER
STARFISH   SHARK
WHALE   OCTOPUS
SEAHORSE   SEA LION
ANEMONE   STINGRAY
SQUID   SEAL

ART

```
B S Y Q D S F V I B A C N
L W K K A B S T R A C T T
W A T E R C O L O R U N D
D E Y O T N D P H J E N C
O X N X W C E R A M I C S
N H X G O I H V G I Y M W
Q I Q D R A W I I B N G H
D B C Y K A P C T Y B T B
H I Y K E S V J B Y Q G Q
Q T R X V A E I R H O Z A
A I R B R U S H N U D U B
S O H J A I G E U G E M V
G N Y Y C O L X L Z K S L
```

PAINT   ARTWORK
DRAW   SKETCH
CERAMICS   EASEL
EXHIBITION   WATERCOLOR
AIRBRUSH   ABSTRACT
ENGRAVING   PIGMENT

ARTISTS

```
Z I D G G P C N D W C J Z
F T M A O K E W A R H O L
P G P U B Y Z N L N A Q O
C I P G Q M A T I S S E B
P X Q U H N N P E L C F V
F P G I V A N G O G H Z Y
O P I N J O E W F Q D G M
I X I C U A X A W V N M I
Y G W F A E E M O N E T J
G H H A R S Z I N Z M B U
V Z T K U F S R S I V Q C
I V I L M M P O L L O C K
G Q C R Q B M K T Z E B W
```

MIRO   MATISSE
CEZANNE   MONET
POLLOCK   GAUGUIN
WARHOL   DALI
VAN GOGH   KLIMT
PICASSO   GOYA

BAD NATURE

```
Q O V W M K Z O W A Q A Z
T T C M I X K A P M R S V
D O A V A L A N C H E Z E
U R V G B I D J H G Y K K
Q N O B C U G F V H A P V
J A L U Y B S L I U Z F A
A D C C G W J H Q R Q A Y
E O A L Y H B H F R E M M
U Y N S W C T S E I Q I E
O T O S Q R L J S C R N Z
T S U N A M I O F A C E U
F G N E P G V Y N N T J Z
T L A N D S L I D E J C M
```

EARTHQUAKE   TORNADO
VOLCANO   CYCLONE
LANDSLIDE   WILDFIRE
FAMINE   TSUNAMI
DROUGHT   BUSHFIRE
HURRICANE   AVALANCHE

BATHROOM

```
P N T F V T E D C S Y L F
N T C C A M E Q V Y X K U
S C J A T Y W X Z X N A T
V H M C Z M M X I I Y E O
J H A I R B R U S H L B O
L F Z M F K L F H I X Q T
O A T O P V F L O S S K H
T K U E J O E T W V B L P
I M Y N P T O W E L C A A
H A I R D R Y E R Z O A S
A R T N A R O S W S M J T
U J M R Z I Y J H G B Q E
S G C I N D C H Q X S M H
```

HAIRBRUSH   TOILET
LAUNDRY   TOOTHPASTE
SINK   TOWEL
SHAMPOO   COMB
SHOWER   FLOSS
SOAP   HAIRDRYER

BEACH

H	L	B	F	L	I	P	F	L	O	P	S	F
Z	K	I	P	Y	S	Y	L	V	J	B	Z	Z
X	H	K	F	C	N	U	C	W	Q	R	G	V
O	U	I	X	E	G	Z	N	U	M	T	M	H
Q	B	N	U	A	G	E	Q	C	S	O	O	K
W	E	I	E	M	Z	U	B	L	R	W	S	R
X	X	S	U	N	G	L	A	S	S	E	S	Q
U	V	A	E	O	F	R	M	R	Q	L	A	A
G	L	N	Q	A	O	I	F	N	D	Q	E	M
M	J	D	C	C	W	K	X	F	S	Q	J	Y
S	A	L	F	S	H	E	U	W	C	A	B	E
S	R	S	V	O	L	L	E	Y	B	A	L	L
L	K	U	Y	E	B	J	X	D	F	A	A	Q

SUNGLASSES   SEAGULL
VOLLEYBALL   SEAWEED
SUNCREAM   BIKINI
FLIP-FLOPS   LIFEGUARD
CORAL   SAND
TOWEL   SWIM

 # BEEF

```
C I Q T F K M B R X D I A
N U W D M H O R Y Q K M A
A R R Y O X S I I C G D C
E Y O O Z R W S J N C K K
S T X J A S B K I U N H Z
J R V P S S O E N T L M Y
U E U F U O T T K R U C R
S S E X C O H X B I G O I
H C P G R I L L D T I W B
X B F P A E R E V I V I E
H T K I R I M W M O R F Y
Y P Y P E M A R I N A D E
E X I F R N D F K X C K T
```

GRILL   COOK
MEDIUM   ROAST
MARINADE COW
RIB   PROTEIN
NUTRITION RARE
RIBEYE   BRISKET

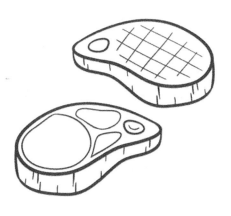

BIRDS

```
G J I P L M F A L C O N Y
Z M B A S P A R R O W K U
U W O R L X I G K Z T G E
H J U R M T Q C P K V G B
Y C V O W L U N V I D J O
F R D T J C A N X I E I I
W E O Q D C I S R W G R U
G S B H U F L T L W O B C
X N S O C Z R P Z K I J T
U Y T M K A V Y Y N Q Y C
W O O D P E C K E R S Y V
H H R O C I H Z G G U M U
K U K W O P F K M N W V U
```

WOODPECKER MAGPIE
PARTRIDGE   STORK
SPARROW   QUAIL
CUCKOO   DUCK
TOUCAN   OWL
FALCON   PARROT

BIRTHDAY

```
O M U M Z X K L H B Z U G
D D W U P S Y L I A O I L
L Z M S J I C R J L P M S
N V B I G X L A W L O P P
U D E C O R A T I O N S Y
Q V W X G H A T S O J G P
Q G S I I K C G H N I B C
M C I Q F O N A H S T P H
O Q A I T O V M N J V M K
T Z N K S V P E C D O A C
N F R I E N D S A D L U K
D M Z D K C K Z H B A E O
I H A K G V T H O K V G S
```

BALLOONS   FRIENDS
SONGS   CANDLES
MUSIC   CAKE
HATS   WISH
HAPPY   GIFTS
GAMES   SURPRISE

BODY PARTS

```
L Y M V F R D T M O D J G
W H N B C C Q R K G U A R
X W X V B J O D E G W X U
A F L P U W F J P J B J Z
U I S T O M A C H G T N K
P N B B S S C U O T H W R
M G L U U D E S A R D I B
T E E T H E C Q X E R P O
W R Y D O I H W E O D O D
D G F E H T L A N K L E E
S S H O U L D E R C W V P
X R Y O O C D K G M L F M
K V M N D T Y F K T C E X
```

TEETH   EYE
STOMACH   ARM
LEG   FOOT
FACE   ANKLE
FINGER   SHOULDER
MOUTH   ELBOW

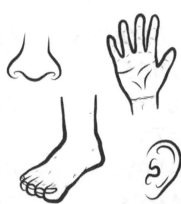

BOOK GENRES

```
D C M C G R G T A R A C P
Q O Y N T O D H A D H K O
R M S V T M H M F A B L E
L I T E R A T U R E I B T
I C E U S N G Y M B O M R
H M R W Y C W O F O G G Y
Y J Y K T E O L A Q R S O
H F T M S C S X N P A C R
R B X L A T S Y T M P I P
I B W F K M X J A A H E G
B E A L U N N R S N Y N M
I K P P H G D E Y N J C M
I Q B A D V E N T U R E P
```

ADVENTURE   POETRY
COMIC   DRAMA
FANTASY   LITERATURE
FABLE   ROMANCE
SCIENCE   HUMOR
BIOGRAPHY   MYSTERY

BREAKFAST

I	C	Q	Y	T	C	P	N	F	D	D	Q	I
H	R	E	J	C	B	W	L	I	Y	J	E	M
M	O	E	R	F	R	A	I	L	X	T	T	R
X	I	H	Y	E	E	F	T	A	T	X	G	C
D	S	L	E	J	A	F	H	E	T	W	L	U
F	S	M	K	E	D	L	L	E	C	S	A	P
B	A	C	O	N	C	E	J	A	I	W	D	H
J	N	N	D	V	M	J	X	Q	Y	E	T	J
P	T	L	C	O	F	F	E	E	B	S	B	H
Z	H	Y	Q	P	N	Q	S	L	A	D	G	T
Q	Y	W	R	W	K	U	A	O	G	O	J	Z
W	R	O	Y	V	G	N	T	P	E	V	P	S
B	L	B	I	D	S	K	S	D	L	R	E	G

BACON   OMELETTE
CEREALS   CROISSANT
DONUTS   MILK
COFFEE   JAM
TOAST   BAGEL
WAFFLES   BREAD

BUILDINGS

```
O N T E T O P G S P S G T
E W U H I P A D L S T P E
F T O W E R H O T E L L X
W X X S R A O W T Q T M F
V H L D H H T U D S Y U X
L Z O E C Q I E A Q M S I
V O T S K Y S C R A P E R
M T L T P C Y I G D W U Q
R N P A V I L L I O N M A
S Y Q T N N T I L M R A U
W E V I I E Q A A E H N G
L J V O I M Z D L L J M U
A X M N H A J K H F Z V H
```

CINEMA   SCHOOL
PAVILLION   HOTEL
HOSPITAL   DOME
THEATER   SKYSCRAPER
CASTLE   TOWER
MUSEUM   STATION

CAMPING

Q	H	R	F	T	F	F	O	R	E	S	T	N
S	K	M	G	L	B	L	I	T	E	N	T	O
A	Q	Q	R	Y	A	J	C	R	Z	T	N	S
Q	N	D	U	T	X	S	I	A	E	A	L	W
I	M	M	C	U	P	F	H	I	S	J	E	I
O	T	R	K	O	P	N	C	L	S	Z	V	M
W	W	L	S	M	H	K	A	K	I	I	V	S
B	T	M	A	K	D	M	R	T	D	G	P	U
M	P	C	C	K	I	S	Y	E	U	U	H	I
P	Q	Z	K	N	E	R	L	B	F	R	R	T
O	W	A	A	D	V	E	N	T	U	R	E	O
U	R	H	M	N	Q	D	M	K	T	I	E	G
N	L	D	F	Y	K	U	U	A	H	F	H	T

LAKE   SWIMSUIT
FIRE   ANIMALS
TRAIL   TENT
FOREST   FLASHLIGHT
NATURE   ADVENTURE
CAMPFIRE   RUCKSACK

CANDY STORE

```
Y N Z I Z O H Z E E P U L
O T O D C D U C E O O G W
Y M Y U B P I M P G G L L
V A A X G R Z I A P U E C
R B W R O A L H U A M M H
T P I C Z L T F Z A D O O
D A I N O I N S R R R N C
K L F L G N P A A Z O D O
T O F F E E C A X D P R L
H V B Z Y X W S N S H O A
C E T W X R G U I U O P T
F B W V L O T R U F F L E
U O L T W A D L K G U I W
```

CARAMEL   NOUGAT
LOLLIPOP   LICORICE
MARZIPAN   TRUFFLE
PRALINE   TAFFY
TOFFEE   CHOCOLATE
GUMDROP   LEMON DROP

CAREER

```
A U G M K P L K A A N H Z
G C B O J G Q D O C T O R
N T E A C H E R T E T T E
Y G M S F P T L H N S O M
S I F T O D E S I G N E R
P R W R O L I K K I Z C U
M I W O F A D X B N B O H
Z E L N E F J I G E A N P
H F X O K D W R E E N O P
F P M M T O I U V R K M W
N S D E T E C T I V E I I
D J U R J M J H O E R S S
S D I N G I B Q J R Q T Q
```

TEACHER   EDITOR
BANKER   DESIGNER
SOLDIER   DETECTIVE
ECONOMIST   PILOT
DOCTOR   ASTRONOMER
ENGINEER   ACTOR

CARNIVAL

A	O	Q	A	J	W	Q	C	N	R	G	Z	G
U	J	T	G	J	Q	I	S	U	R	F	U	E
D	Y	X	D	O	S	K	S	E	N	Y	K	T
C	A	R	O	U	S	E	L	S	T	L	X	F
J	H	T	M	R	M	G	I	R	W	F	N	Z
J	A	L	N	U	G	M	A	H	Y	R	C	S
E	S	G	T	U	K	P	N	B	O	M	T	C
D	E	S	J	V	G	O	R	C	I	M	N	X
C	O	R	N	D	O	G	P	I	L	B	W	A
C	O	L	O	R	S	O	M	I	Z	O	O	E
T	X	M	Q	C	P	A	R	A	D	E	W	C
O	I	A	N	B	A	L	L	O	O	N	S	N
T	R	V	V	G	H	Y	G	S	A	D	D	L

CLOWN   MUSIC
POPCORN   PARADE
PRIZES   COSTUMES
CAROUSEL   PARTY
BALLOONS   COLORS
JUGGLER   CORN DOG

CHEESE

```
Z G Z W R O Q U E F O R T
F I W C K M Q B K Z M F E
K A E X K I X E V A W G G
G Z I J J P V U G C R O T
L U P E C O R I N O E R G
U E Z D U G Y K U L E G X
G L V A P X C R K B R O H
P A R M E S A N M Y I N A
W D G R O V I E R A C Z M
I R A K R L M X T O O O J
C H E D D A R T E N T L S
E B T X C W M C F E T A B
Y M O Z Z A R E L L A O A
```

CHEDDAR   EDAM
GROVIERA   PARMESAN
MOZZARELLA   PECORINO
CAMEMBERT   ROQUEFORT
RICOTTA   FETA
GORGONZOLA   COLBY

CHRISTMAS

```
D X R E E C R E W O N L X
A L X U H O L L Y A O E W
D J I B V G O S I I R S C
L U A A N Z C E W G T D H
C N F I W N J O T N H E O
B K J Z I P N P E C P T W
Z I Q H N S J M T A O B S
B C L V T A A A F R L C O
P R E S E N T S L O E X Y
G T M Y R T Q Q E L V E S
P Z O O X A H M I S J M V
Y B R I V V C G Z C J N D
R Q D E M S W D Y I R A H
```

HOLLY   CAROLS
NORTH POLE   LIGHTS
WINTER   TREE
SANTA   ORNAMENTS
PRESENTS   SNOW
JINGLE   ELVES

 # CIRCUS

```
H E U G D W N I I P B U Y
V Y W K M R A N J Y A T X
W O S Y O X V E M H N S Y
U S X C N E E F T A D X G
Q A P T K Z R A H B G L T
I O Y L E J B P R B Z I I
P H B P Y O E C I O J I C
G O A F R L Z N L D H J K
V R D C E D W A L O R E E
T W A Q C O I Z I I W E T
E M G P H Z J V N F O N T
R S E S T R O N G M A N O
W Z P R H D W M H G I F X
```

MAGIC   CLOWN
MONKEY   ACROBAT
TRAPEZE   POPCORN
LION   SHOW
ELEPHANT   TICKET
THRILLING   STRONGMAN

CLOTHES

B	G	I	B	Z	K	C	D	T	N	V	O	C
A	V	V	L	J	S	N	E	A	K	E	R	S
X	P	G	O	Q	W	K	V	A	S	S	S	G
B	A	L	S	O	C	K	S	F	H	T	X	M
S	I	P	T	A	D	C	U	D	O	P	J	T
M	D	N	J	C	A	D	L	O	R	L	X	F
J	C	G	I	T	H	F	B	L	T	E	I	V
X	J	L	Q	X	P	C	K	R	S	G	S	R
F	B	O	I	G	C	Z	I	X	V	G	D	S
S	H	V	X	F	Y	H	P	O	A	I	N	J
J	J	E	A	N	S	P	H	O	S	N	U	Z
S	A	S	K	I	R	T	C	O	N	G	K	S
I	X	K	P	Z	H	D	L	Y	D	S	N	D

SHORTS   GLOVES
SHIRT   DRESS
SOCKS   BOOTS
SNEAKERS   LEGGINGS
JEANS   VEST
JACKET   SKIRT

COLORS

```
B L A C K I Q Y I E M X C
C P U R P L E M U V L C M
P U I O N O Q C X E G A C
W O Y N K J X I F D F R G
L R H G K P M H E O R M O
H A W U R N R K V T G S U
B N D K B E N E R C X N F
Y G H X V W Y O C F Y E V
Y E L L O W T P O N N O C
P W I R M M H D M X M X F
H S B X O H L I P B R E H
Q A Y V I O L E T G K F X
P L Z E G M G R E E N Q X
```

GOLD   YELLOW
GREY   ORANGE
GREEN   SILVER
BLACK   WHITE
VIOLET   PURPLE
PINK   BROWN

COMPUTER

I	F	I	T	M	V	B	P	X	K	I	D	P
E	I	N	N	X	Q	H	R	M	N	Y	P	K
C	T	T	R	P	P	Z	O	O	T	P	R	M
G	K	E	A	V	U	L	C	N	H	Q	P	S
G	E	R	V	U	F	T	E	I	L	W	P	E
W	Y	N	E	N	X	M	S	T	B	I	G	R
S	B	E	F	L	U	B	S	O	B	A	N	V
A	O	T	Z	C	P	U	O	R	P	C	B	E
O	A	N	O	E	M	G	R	E	J	L	S	R
D	R	D	H	I	D	W	M	S	I	U	K	L
T	D	O	W	N	L	O	A	D	O	T	T	V
G	O	E	R	X	H	W	L	M	A	F	Z	U
M	F	O	B	S	R	I	Z	M	E	S	X	E

SERVER   DOCUMENT
PROCESSOR   DOWNLOAD
INTERNET   HOMEPAGE
MONITOR   ONLINE
CPU   KEYBOARD
MOUSE   INPUT

COUNTRIES

```
Y X N G I K J C O X H V S
P A K T T K H W M F B F J
H U N G A R Y Y E M C D T
G S C Q L R V P O N O S U
J T A A Y F G V Z U L C R
K R K F H T O E R D O V K
E A Z R M H L C N M M B E
S L N A O I C A A T B Y Y
G I V N H M L N H M I G D
B A R C K I T A K G A N Q
R G H E A E D D I N D I A
Y O X H I S O A O H L V C
H M T V Z V L Y H O D I V
```

AUSTRALIA   FRANCE
THAILAND   TURKEY
CHILE   CANADA
HUNGARY   ITALY
COLOMBIA   INDIA
VIETNAM   ARGENTINA

DESSERT

```
H X I D O U G H N U T N B
A C C O O K I E S Y W R V
Z H R M O U S S E Z D D G
A O E O X M V K N Z M N U
Z C P A R F A I T A I X I
E O E B K C W C E D D R N
T L S O P D H R D K G E P
B A Y U V M C U I S I N W
T T C A K E P J J N Z Y K
M E M X C K F X W Y N Z O
R I M I J O W O H N G G M
B Y N O P Q R F Q N T E T
D H C G W B E T A R T J Q
```

PUDDING   CHOCOLATE
MOUSSE   BROWNIE
CUPCAKE   TART
DOUGHNUT   CAKE
PARFAIT   COOKIES
ICE CREAM   CREPES

DOCTOR TOOLS

```
F  E  E  B  M  A  S  K  E  F  N  X  R
K  N  Q  Y  R  F  C  G  P  O  F  E  E
W  T  G  F  V  Q  A  L  K  R  H  Q  O
C  Q  M  B  E  D  N  O  I  C  D  J  P
P  B  M  J  N  M  N  V  T  E  A  C  D
S  R  W  A  L  B  E  E  W  P  P  X  Q
O  C  B  E  P  X  R  S  U  S  S  U  O
Q  Y  A  U  L  T  R  A  S  O  U  N  D
W  K  I  L  S  Y  R  I  N  G  E  I  I
U  H  I  P  P  E  Z  D  S  N  H  G  C
S  P  Y  N  S  E  E  N  F  A  P  L  P
E  N  L  A  U  X  L  G  X  T  N  D  R
U  I  L  M  I  C  R  O  S  C  O  P  E
```

ULTRASOUND   SCALPEL
SCANNER   FORCEPS
GLOVES   PILL
LASER   MASK
SYRINGE   BANDAGE
STRETCHER   MICROSCOPE

DOG BREEDS

```
F X I O R P B U H U S K Y
N B K N I R B O T C I L U
R R R Y D V A K X A B H X
B C U N F N K P E E Z Q
S A M O Y E D G I E R A A
B E A G L E F M T T I V I
J W K D J F K O B S A J M
V Z O H I T M E U R N H W
R O O T T W E I L E R M Y
P H S S V C O L L I E L N
T A M E Q Q R F C V M N P
M A L T E S E Y N N K S H
S G G G D C M T D A X A Q
```

BOXER   ROTTWEILER
COLLIE   AKITA
SAMOYED   POODLE
PITBULL   BEAGLE
MALTESE   HUSKY
SIBERIAN   MASTIFF

DRINK

```
V A E L Y U E D Z X R E A
J D F R Z O E J I L C Y F
U X X N L V K I C H L P B
G K B G Z T F R W E Q O Q
R J P K E M P P B N S W A
G R E D B U L L F M L E W
U R H I N V U P S D D R C
D R P E P P E R J A R A X
G B V T J P H G L W T D C
F E Z C M E C O F F E E P
S E T O N I C S K O N K A
V R A K M I L J X E X U W
C R P E P S I K L H B C Y
```

COLA   BEER
MILK   SEVEN UP
POWERADE   COFFEE
DIET COKE   TEA
TONIC   DR PEPPER
REDBULL   PEPSI

EASTER

```
Z O J J E S I G S F O O Y
A L E W K D V B U N N Y L
T R A D I T I O N P E F I
Z C A M O S C P D T Z R O
T H N F B C P A A M O A U
F N S V L H B R Y U H B S
Z G L U H O O A I F M B N
W S Q K Q C W D P N G I I
Q P J R E O L E H A G T M
M K Q D W L L Z R J V X Q
A V P T U A E G G S T B F
B A S K E T K V V D D Q G
J F L K Q E G R G Z I X P
```

BUNNY   RABBIT
DECORATE   BASKET
SUNDAY   FLOWERS
TRADITION   PARADE
EGGS   SPRING
CHOCOLATE   LAMB

EGYPTIAN

```
X Z D A N U B I S L Y D J
W V Y Q F F W Y M R L M Y
N P A P Y R U S T P H D D
T S F Q D X I E U D I Z C
D H O L V M M C L M E L D
O M J B V O Q A A W R L T
I F U N E R A R Y A O H L
I L O G Z L Y Y C G G E U
M H F I P P I A M U L E T
T W W Z N Y K S D A Y Z B
K B F A H C S I K X P V X
M R R R P H A R A O H P H
N S H R Y G G U B U E J U
```

OBELISK   FUNERARY
PYRAMID   AMULET
GOLD   HIEROGLYPH
GEOMETRY   ANUBIS
PAPYRUS   AFRICA
PHARAOH   GIZA

EMOTIONS

```
E K Z W V A Z I L A N I H
R Z W O R R I E D H C S A
S K S H O C K E D W W Y P
M C L L P O S I T I V E P
F V A Z F I N D M F Z K Y
K X N R R T E D Z J F D A
A S G P E X G E V M P S H
V V R S A D A J V P U U F
S U Y L Y N T Q Z O A T V
S F E A D Y I U L G D C J
F R T V X T V A H P T F S
K R V E U P E X C I T E D
R B F L S J F C H F M D S
```

NEGATIVE HAPPY
RELAXED SHOCKED
POSITIVE ANGRY
WORRIED SAD
JEALOUS EXCITED
SCARED SURPRISED

EU CAPITALS

```
F U O M V W G U S E J D D
S F O O J H I O U P C E T
D T H U D D U G R B T F I
F X B U C H A R E S T K Z
Q H L X C R U N U R J I Y
T W O V P A O C C P U I B
P L Q P I D O M A D R I D
L B Y F N E Z F E I D A M
X J O O Y H N P R G U T Q
J S L I S B O N A Z B H P
L V F A U M Q D A R L E T
K O J H E L S I N K I N K
E R W I Q S V R D Z N S M
```

LONDON   DUBLIN
ROME   ATHENS
PRAGUE   BUCHAREST
MADRID   LISBON
PARIS   HELSINKI
SOFIA   VIENNA

EUROPE

```
W Q K E I M V F K S A T U
E S T O U Y Z I N L W Z X
K A E J T X G N U O S G O
C M Y R Y D I L L V B W T
B F H W B A E A Y E U U X
C H D M P I G N Z N L B O
T W U S Z U A D M I G D P
L P B K T M N L K A A F A
S U E R R A R S U P R X E
Y I O E L A O D C M I K X
B P G E Q L I G S E A M S
D I C J M D E N M A R K H
S I R E L A N D E P V B V
```

SERBIA   GERMANY
PORTUGAL   BULGARIA
IRELAND   DENMARK
FINLAND   ICELAND
DENMARK   SPAIN
UKRAINE   SLOVENIA

FALL

```
B V U K P R A O O K F P S
O R V C G A F E A L I U T
Z M U Z G I G Q U W U M U
H A C O R N Y F X H J P K
O H T Q A C R M K F X K W
H N N R J O Z O Z R Q I S
Z S O H L A O B R O W N O
A Y V O D T C Z D S T T D
G E C H E S T N U T S U H
H L K O Y N O V E M B E R
L L J V J C B Q N M T H W
F O L I A G E G U Q F X O
B W V N M Q R R I R D T A
```

FOLIAGE   ORANGE
BROWN   YELLOW
ACORN   NOVEMBER
OCTOBER   CHESTNUTS
FROST   COLORFUL
PUMPKIN   RAINCOAT

FAMILY

X	X	D	W	N	G	L	B	V	G	U	O	L
B	A	I	K	Q	M	P	W	V	F	X	K	K
X	R	D	F	B	X	O	S	D	B	S	W	G
W	T	O	A	R	J	B	A	Y	X	B	P	R
A	C	C	T	U	E	R	H	C	M	X	E	A
X	O	E	H	H	G	Q	P	T	O	H	S	N
A	U	S	E	I	E	H	L	P	T	F	N	D
N	S	F	R	L	L	R	T	A	H	W	C	M
D	I	I	C	T	W	D	F	E	E	P	E	A
W	N	N	S	P	T	P	R	H	R	G	L	O
Y	U	Y	E	T	E	I	P	E	K	G	G	T
U	R	U	Z	T	E	E	L	C	N	C	E	T
Z	Y	M	S	V	N	R	K	K	Y	M	H	I

COUSIN   DAUGHTER

MOTHER   CHILDREN

UNCLE   BROTHER

FATHER   GRANDMA

WIFE   STEPFATHER

SISTER   NEPHEW

FARM ANIMAL

```
V O L B C D W D Z C R J X
H F O R D Q H G W A O W I
F W P E N M I O R L O W G
R L H V P P N O R F S P U
P J M U R E I S U S T Y M
J D O N K E Y E H B E T P
V A B C U Y C Z M E R N D
P Z I Y H N O A P M E Q L
O H B B S P L U C H U P D
C C F A L X T D U U W V G
P Q J W M A U R B Y E E S
I K L I B A B Y H Q W T D
E B V N S S Q J W X S E F
```

CHICKEN	HORSE
ROOSTER	CALF
GOOSE	COLT
COW	LAMB
PIG	HEN
SHEEP	DONKEY

FISH

```
K Y C W U X J D W L M O I
B Y Q W Z Z C J H Z A Y H
F S S C P N M J W I C W N
X W S V M W P S P U K F I
H O Y I S U O A C C E E L
L R F Z S A L M O N R O K
O D B H L I L L D C E Z V
R F C V T U O Q E A L K C
S I M N B X C A N T D H I
D S Y S Z Y K U U F M Q R
K H N X Y I T O V I F L S
A E Q Y L S R W W S P G O
J H Y L D T A N C H O V Y
```

TUNA   EEL
SALMON   TROUT
MACKEREL   CATFISH
SWORDFISH   COD
ANCHOVY   POLLOCK
MULLET   TILAPIA

FLOWERS

```
N R X E S D D M Y F A Z M
P Q B N R C U D Q Z H P Z
R H Z O L P G L L O T U S
F K R R G Y G J F E H P U
O B F C S P E Z D B U O N
P F X H Y D R A N G E A F
S P G I P S B M W R M M L
P U A D N G E I F Y O V O
O I Z X P W R A R K P S W
G K A H C D A H L I A I E
W K N V R W Z M L I S Z R
Q J I R S I V U D Z L H R
L C A R N A T I O N K Y A
```

ROSE   CARNATION
GERBERA   HYDRANGEA
TULIP   LOTUS
LILY   DAHLIA
ORCHID   SUNFLOWER
IRIS   GAZANIA

 # FOOD

```
C L J P G G S S F R R W A
G Y M X W N T K W T M Q P
U B U R R I T O C W A T Z
W O M U J P J A M B L G S
E U B H P F Q T A T H I S
R M F R M W Y M Q M P G A
W E Y B U T T E R S G A N
L U D D S I C A V E C O D
M S S Y H L H L J A C L W
P L V G R M E Q F A C I I
H O T D O G E G B C M V C
R L Y T O A S T Q V A E H
W J G D M K E M X L L F E
```

BURRITO   SANDWICH
HOTDOG   TOAST
BACON   EGGS
OATMEAL   BUTTER
CHEESE   OLIVE
JAM   MUSHROOM

FOOTBALL

```
J  R  C  R  P  W  L  Z  R  A  Q  S  V
J  W  A  U  Z  V  L  Q  Q  C  V  X  R
T  F  Q  H  E  E  N  D  Z  O  N  E  U
C  E  U  W  F  T  R  T  K  W  T  J  S
R  D  A  M  D  A  W  O  E  N  S  L  H
P  E  R  P  U  C  U  U  E  L  A  Q  I
X  K  T  G  J  K  I  C  K  O  F  F  N
Z  E  E  U  Y  L  E  H  G  S  E  U  G
S  P  R  G  R  E  U  D  W  Q  T  D  V
P  V  B  T  N  N  L  O  K  M  Y  M  X
H  W  A  Y  H  E  B  W  B  I  J  G  V
V  X  C  E  I  X  F  N  S  M  Q  D  U
X  S  K  F  U  L  L  B  A  C  K  H  G
```

KICKOFF	QUARTERBACK
FULLBACK	GUARD
TOUCHDOWN	FIELD GOAL
SAFETY	CENTER
TACKLE	END ZONE
RETURN	RUSHING

FURNITURE

```
C A W D L F D L T F F R R
Y K B E U R D B A D O N A
Z O U V G B H W I R O Y Y
V H O Y K P F I R A T B D
K F Q F C H A I R W R I L
F H K O X R M F C E E W A
C H A N D E L I E R S A H
I Q Z C D E W X S S T R Z
P N I G H T S T A N D D U
P W H S T O O L A N V R R
M W O I O D Q X Q B C O O
X J A D E F O Q B Z L B G
F Y G N S T A I R S N E R
```

NIGHTSTAND   SOFA
FOOTREST   DRAWERS
WARDROBE   SHELF
MIRROR   STOOL
CHAIR   CHANDELIER
TABLE   STAIRS

FRUIT

```
M N I J C J J K D Q A B B
Y U U W B B H P I E P P L
S W T L W C M I G W R H U
N C G E X W H N T V I H E
A Y P K G B A E N Y C B B
F Z Q O Y R M A R A O B E
X H A M O I H P E R T E R
A A Q V L B O P H C Y Z R
T F F Z U E X L L Q B N Y
E X R P G W M E L O N W T
P A J X E W J O M Q Z X Z
O M A N D A R I N F N G W
C L U L O E R E M Q Z Y C
```

BLUEBERRY   PEACH
ORANGE   PEAR
CHERRY   PINEAPPLE
KIWI   LEMON
MANDARIN   MELON
LIME   APRICOT

GARDEN

```
V Y C W I B I K P H O Q D
W P U M W Z H R W H O E V
I T L E O A H A O L E S H
X Y T U R W T K R O V O E
B E I H M J W E O S T W I
Z H V E S I M F R I W S Q
Z E A R H M K E Q I I E T
L C T B U U W S U N N Y P
W W I S H O V E L A S G M
R T O T L I H O I Q E K H
L V N F W A K Y Y P C O H
T Q J G Q U Q B O H T S Z
H M Q O M A P C R N X D F
```

WATERING   CULTIVATION

HERBS   FLOWERS

SUNNY   SUMMER

RAKE   INSECT

ROOTS   SHOVEL

HOSE   WORMS

GEOMETRY

```
O R V O C V B V C A D S B
W C Z E M J C I S V C R D
M R R C R I Y E A E I U I
X H O G Q T L N L S R U A
X O J C M E I G M K C L M
E M J U C E N C P Y L R E
T B R S O A D J A C E N T
A U O X T H E I R L Q N E
I S H C W W R O A G B B R
I E E G W K P A L N G Y T
X R A D I U S Z L Y W R H
R P E R I M E T E R T L P
I F W R Z A Z J L M B M N
```

PERIMETER   RHOMBUS
ISOSCELES   RADIUS
ADJACENT   MEDIAN
CYLINDER   CIRCLE
DIAMETER   RECTANGLE
PARALLEL   VERTICAL

GREEK

```
A N Z J C Q B O O L M P Y
H R E L I G I O N K C J C
Z A C R O P O L I S F I U
P O U H F M Y T H W T A N
M V K T I Y B D N S I P W
N P A T N T I K I N B H O
Z H J P K H E N W W O R L
W E Z X O O E C X J O O S
U R U N P L D F T D U D K
I M B S L O L G Q U L I W
N E P E L G X O O J R T B
N S H G V Y L Q Q D H E Z
X P E L O P O N N E S U S
```

ACROPOLIS   ARCHITECTURE
APHRODITE   ZEUS
HERMES   RELIGION
GODS   HELLENISTIC
MYTH   APOLLO
MYTHOLOGY   PELOPONNESUS

HALLOWEEN

```
C S A E C A N D Y U N F K
I Y P C J T U M V K Q X K
U Y I C P R M M K I C W
J H S W U U P M H N I U I
U I U P M A S K V R M I A
T U Q B P C O S T U M E S
D W N V K T W P J R S H K
D W N Z I Q I X F T P T E
H M H P N H T C S P I L L
E T G E D M C O R A D O E
G H E W J T H S T R E A T
R E C A R G M G P T R E O
P C G L I J L V T Y B R N
```

CANDY   SKELETON
WITCH   TREAT
TRICK   PARTY
GHOSTS   MUMMY
MASK   PUMPKIN
COSTUMES   SPIDER

ICE CREAM

```
C H O C O L A T E Q O E A
K L Q M T E Z R X M X X B
B M I N T M M K I C M K H
B G P G C O F F E E F H Z
R L P Q H N R B C U Q P A
T J E G E R T A M M J W M
P U A V R A Y K N D D X Z
E V C A R A M E L G K G M
Z A H N Y C O O K I E S M
V V P I S T A C H I O V G
K X J L O S G T N O T G J
S S F L Q M F Y Y X R L F
S T R A W B E R R Y I D U
```

MINT   CHOCOLATE
COFFEE   LEMON
VANILLA   ORANGE
CARAMEL   COOKIES
STRAWBERRY CHERRY
PISTACHIO   PEACH

IN A HOUSE

```
X K Z Q O S D X B I D C J
S Q W S Y J V M U R P U S
G W X Y J D C H A I R R D
H N N I L J T O I L E T S
A H I M E D B A O X H A O
F W N T Z P M S B S I I F
I G E E U E D T H L M N A
K I T C H E N Q J O E S A
T U U V M I R R O R W K E
N S Q B J I R R B V Z E Q
B K P D R P D E F C H F R
F R I D G E W D P V V C U
C M J L B A T H R O O M I
```

TABLE   SOFA
KITCHEN   TOILET
BEDROOM   SHOWER
BATHROOM   FRIDGE
CHAIR   MIRROR
CURTAINS   CUPBOARD

INSECT

```
R  K  L  B  U  T  T  E  R  F  L  Y  R
T  N  X  G  A  E  L  T  L  B  X  A  H
W  P  Y  H  N  X  I  Z  D  F  L  P  G
E  N  Z  R  J  A  R  P  Q  L  J  Z  P
M  H  O  F  U  X  T  D  I  O  W  U  H
J  H  L  L  D  A  Z  P  I  Q  M  T  M
K  N  S  N  D  L  R  U  F  P  O  A  X
R  S  T  A  E  E  V  S  Y  M  S  R  K
I  S  C  N  T  F  Z  F  K  G  Q  L  F
V  I  S  A  J  L  A  D  Y  B  U  G  Z
C  A  C  A  R  E  T  E  R  M  I  T  E
D  F  W  G  C  A  A  M  A  N  T  I  S
M  A  F  X  F  W  B  C  P  O  O  S  N
```

CATERPILLAR SCARAB
BUTTERFLY CICADA
MOSQUITO HORNET
TERMITE MANTIS
GNAT FLEA
LADYBUG MOTH

INSTRUMENTS

```
Y R G N V O X S M Y D K A
R P U D H P V E O O C F C
W H I V R S J A B U A D L
Y K T A H A R M O N I C A
F P A C N X H R E T K O R
G Q R R S O T B T R P G I
I N A V W P V L R B K T N
S E E W I H X M O V E R E
A U C D B O A Y M C T U T
A W P R E N L O B C Q M S
K F L U T E N I O R P P X
N J E M T R I A N G L E A
W Z O F S I D W E N T T G
```

PIANO   TROMBONE

OBOE   CLARINET

GUITAR   SAXOPHONE

VIOLIN   FLUTE

TRIANGLE   HARMONICA

TRUMPET   DRUM

ITALIAN FOOD

```
D P Z H R L O F W D W M I
I R P C A R E B F Y D O D
H Q H A V H J R F X I Z M
D T S R I S A U M C A Z D
H I L B O L A S A G N A V
E R K O L J L C R V J R P
E A F N I T J H I I M E C
C M M A I U P E S T O L R
X I G R G R W T O K Z L E
Q S P A G H E T T I I A F
M U R P I Z Z A T R A Y N
I C A N N E L L O N I Y W
G V M A Q S D S T J F X J
```

PIZZA   BRUSCHETTA
TIRAMISU   CARBONARA
RISOTTO   PESTO
RAVIOLI   CANNELLONI
LASAGNA   RAGU
MOZZARELLA   SPAGHETTI

JUNGLE

A	F	S	U	S	G	J	L	J	D	G	P	W
C	M	O	R	A	N	G	U	T	A	N	U	G
Q	T	J	C	Y	R	O	N	F	O	I	G	Z
E	H	A	A	K	B	R	F	L	G	R	M	M
W	M	T	P	U	I	I	N	N	E	B	A	A
T	T	V	Y	I	L	L	Z	T	Z	M	Q	N
M	X	J	B	O	R	L	S	G	A	S	U	D
Z	M	A	A	O	K	A	P	I	E	L	E	R
M	G	F	R	G	M	E	Z	B	B	A	T	I
J	K	F	A	H	U	Z	A	B	L	H	Z	L
V	L	P	S	A	N	A	C	O	N	D	A	L
N	L	U	V	N	V	A	R	N	E	U	L	M
M	B	F	O	N	K	L	P	J	W	G	I	X

GORILLA   LEMUR
JAGUAR   MANDRILL
CAPYBARA   GIBBON
ANACONDA   TAPIR
QUETZAL   ORANGUTAN
BUSHMASTER   OKAPI

JUNK FOOD

```
I  H  Y  B  H  D  H  T  F  R  U  E  J
U  L  U  U  M  A  L  A  C  X  K  J  H
P  H  H  R  C  T  M  J  S  A  O  C  W
M  X  O  R  V  Z  G  B  H  P  I  W  L
O  M  N  I  J  U  Y  S  U  W  T  F  E
U  C  I  T  M  E  K  H  D  R  S  R  B
W  U  O  O  O  L  C  N  O  B  G  I  M
X  P  N  L  I  T  A  C  O  T  A  E  L
J  C  R  M  E  S  A  E  E  U  D  S  R
O  A  I  K  E  S  J  E  W  O  V  O  E
X  K  N  B  X  O  L  S  C  L  W  C  G
N  E  G  P  P  Q  N  A  C  H  O  S  R
S  H  S  L  K  X  Y  V  W  N  K  J  H
```

HOT DOG   FRIES
ONION RINGS   COLESLAW
TACO   BURRITO
SANDWICH   MILKSHAKE
HAMBURGER   KETCHUP
CUPCAKE   NACHOS

# KITCHEN

O	F	L	C	U	T	L	E	R	Y	R	Y	T
W	O	A	O	L	R	N	F	B	S	E	E	M
A	O	R	L	Y	K	F	K	L	X	F	N	I
V	G	I	A	G	F	A	V	E	E	R	W	C
U	R	E	N	F	P	P	A	N	I	I	R	R
G	A	K	D	X	S	F	H	D	R	G	R	O
D	T	H	E	R	M	O	M	E	T	E	R	W
H	E	I	R	Y	F	E	H	R	Z	R	O	A
C	R	R	M	K	K	S	I	E	O	A	X	V
K	M	B	K	E	A	E	E	T	S	T	B	E
J	D	X	J	M	R	R	Z	D	W	O	J	E
U	G	E	X	G	F	P	P	P	B	R	Q	X
E	T	M	L	P	I	E	V	Q	Z	S	Z	N

MICROWAVE	REFRIGERATOR
BLENDER	THERMOMETER
GRATER	CUTLERY
GRILL	TIMER
FREEZER	PAN
MASHER	COLANDER

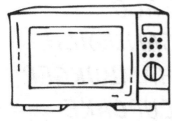

LANGUAGES

```
D K D P K Q C T C O I U K
B R L J A P A N E S E I Y
T P U Y K D I T A L I A N
P O U S M L C J H C O O A
Q R T P S O E L I J W W Q
E T H A R I L B T D E G D
K U O N P F A D A R N W K
T G O I D R N N A M G V I
N U P S A E D S G V L D B
O E T H N N I M V X I L N
F S V E I C C R C E S A G
W E M J S H W T G W H R N
P W F C H I N E S E Y N N
```

MOLDAVIAN   SPANISH
ICELANDIC   ITALIAN
PORTUGUESE CHINESE
RUSSIAN   ARABIC
JAPANESE   FRENCH
ENGLISH   DANISH

MATH

```
L R E R O U N D I N G Q J
H R D Q W I T B F N S S N
O A J C U N C Y O P U R W
A P L Q O A X I V Z B I T
D E R I V A T I V E T J R
H R Q N U C H I Q F R V S
M C M X A Y E Y O M A C L
S E J R D E O W D N C A W
T N F J V B R P D U T Y H
M T U S L I E W H M I K O
V A D E C I M A L B O I L
W G W D I F F E R E N C E
C E W F J C N R B R V J G
```

SUBTRACTION THEOREM
DIFFERENCE NUMBER
ROUNDING WHOLE
FRACTION ODD
DERIVATIVE EQUATION
PERCENTAGE DECIMAL

MINERALS

```
C E G O L D F L V S Z D O
I M N R B J O P Y W W O S
G E Q B A A S V U I G L C
K R T T O N S Z I R C O N
F A Q O G L I A M M D M O
X L G Z P B L T L G Z I W
A D D A M A G N E T I T E
Q V S O T Z Z I R T B E T
P M E S A E R A Q A B B D
U Y Y C C X U C V I Z T F
J R F V R Q S L K V U G L
C O M V Z I C W G Z A F S
G E O S U M E Z U I N F H
```

AGATE   DOLOMITE
BASALT   FOSSIL
CRYSTAL   GRANITE
EMERALD   QUARTZ
MAGNETITE   TOPAZ
ZIRCON   GOLD

MONTHS

```
M R B Q O F L Z V K D X K
G G T Y J A N U A R Y B G
H Y E A S B O U J U N E O
K B N L F U V A U G U S T
D E C E M B E R L Y Y S O
F B Y J A T M M Y R O J D
A G B L W Y B G A S C E Z
H H Q J O T E U L Y T R B
Y H Y Y C L R I O R O O W
C W H F U B R X R V B T C
N D H S E P T E M B E R T
B V R F A K Y W M A R C H
N F S Z U B E C E P X E K
```

JANUARY	JULY
FEBRUARY	AUGUST
MARCH	SEPTEMBER
APRIL	OCTOBER
MAY	NOVEMBER
JUNE	DECEMBER

MUSIC

```
N Z U F G E Z V Z N E G S
P W E T R U M P E T H C I
I T G Z G T M N F N I O N
N P B U L M O S L R N M P
C R O Y I H E A Y E S P E
X O S C P T C L X F T O N
Z R A O O I A K E R R S L
X O X N S M F R G A U I I
B A G S T E P F N I M T O
S R A S R L J O L N E I U
N L A O E O X I S U N O F
C C L U B D C S U E T N V
E C I B S Y M G F G R E B
```

CLASSICAL   MELODY
SAXOPHONE   NOTES
COMPOSER   COMPOSITION
LYRICS   INSTRUMENT
GUITAR   FLUTE
REFRAIN   TRUMPET

MUSIC GENRES

D	B	H	K	W	U	D	Z	V	L	N	Q	H
X	R	G	K	T	V	A	M	H	T	E	V	W
S	G	H	S	C	D	F	Z	P	W	C	X	K
B	C	J	A	E	C	R	Q	G	F	H	C	G
A	P	W	B	W	L	O	Q	T	Y	I	O	K
W	L	N	E	N	A	B	W	H	N	T	U	I
N	T	A	K	G	S	E	F	O	L	K	N	V
T	W	R	J	O	S	A	R	A	P	Q	T	L
L	C	C	A	S	I	T	E	O	X	Q	R	P
M	G	R	V	P	C	A	G	P	C	G	Y	I
W	X	S	A	E	A	Y	G	E	N	K	Y	W
S	O	U	L	L	L	E	A	R	X	X	X	S
H	V	E	F	W	A	S	E	A	F	F	I	W

GOSPEL   CLASSICAL
RAP   COUNTRY
FOLK   REGGAE
TRAP   ROCK
AFROBEAT   SOUL
ELECTRONIC   OPERA

MYTHOLOGY

```
E M G U N I C O R N Z W F
I H B I J O Y O H F A N N
J B G C G X C E Q R B E C
K I S B H N L E T D R T Q
T I J G N U O R N I Q N T
S E R O K M P M S T K Z Y
N D F B E J S A E P A C O
D R S L E P R E C H A U N
N A O I U F X L W A P G R
Y G O N T V G Y S J B W V
H O O S Z H V A M P I R E
R N D M U N S O Q C P Q A
V S L T B W D X T V R D R
```

LEPRECHAUN GNOME
SIREN   CHUPACABRA
UNICORN   GOBLIN
CENTAUR   GOLEM
VAMPIRE   DRAGON
CYCLOPS   YETI

NEW YEAR

C	I	I	V	I	T	D	I	O	A	W	N	W
T	O	Z	I	X	J	P	C	M	E	J	F	Q
F	S	U	Y	V	B	A	L	L	O	O	N	S
M	I	D	N	I	G	H	T	P	W	T	P	J
C	J	T	E	T	B	Z	W	G	L	K	F	W
G	D	W	I	C	D	J	N	D	U	M	I	J
T	W	X	I	Z	E	O	A	I	D	E	R	D
B	F	G	N	Y	E	M	W	N	D	Y	E	N
R	C	L	O	C	K	P	B	N	U	O	W	V
K	T	W	H	A	P	P	Y	E	B	A	O	U
S	P	A	R	K	L	E	S	R	R	M	R	Y
M	I	J	K	A	C	S	M	A	T	M	K	Y
U	K	Q	W	V	V	C	H	E	E	R	S	B

GOALS   FIREWORKS
COUNTDOWN   DINNER
MIDNIGHT   CHEERS
JANUARY   DECEMBER
BALLOONS   CLOCK
HAPPY   SPARKLES

NIGHT ANIMAL

```
C  P  J  W  T  A  O  I  I  J  B  H  N
R  O  H  Q  H  R  P  Y  W  Z  X  B  C
G  A  U  L  W  X  U  Y  O  N  V  E  P
L  X  K  G  T  W  Z  B  O  T  H  A  H
J  Y  Q  S  A  R  I  O  J  P  T  V  U
E  A  M  P  O  R  C  U  P  I  N  E  I
D  N  O  W  R  C  H  Q  Y  T  P  R  R
S  T  P  T  A  R  A  N  T  U  L  A  L
O  E  O  R  L  G  R  C  H  W  T  X  X
L  A  S  R  N  R  P  F  O  X  P  Z  L
O  T  S  A  L  A  M  A  N  D  E  R  I
C  E  U  M  H  Z  U  J  H  H  B  S  M
F  R  M  G  L  O  V  V  M  K  A  P  P
```

SALAMANDER COUGAR
OWL   FOX
OTTER   OPOSSUM
PYTHON   RACCOON
TARANTULA   PORCUPINE
BEAVER   ANTEATER

OCEAN

```
F W H E A D L I G H T G U
R Z S M J T T H Y J U M U
M N H K T E W P C E R C F
K E I E S A L I N I T Y X
S S P D U S X L Q W L L A
O D W H R N W T Y P E A L
S O R J F Y C S I F V Q H
Z L E H E G B U U A I J N
V P C U R R E N T S P S S
B H K A S E F A M W X A H
F I S H I N G M N W M J A
T N M E Q N B I F B P X R
C V S A I L B O A T T P K
```

JELLYFISH   SAILBOAT
DOLPHIN   SHIPWRECK
SURFERS   SALINITY
SHARK   FISHING
TSUNAMI   HEADLIGHT
TURTLE   CURRENTS

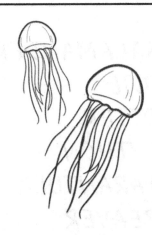

PIZZA

```
H V Q O Z B P X S W F A M
W D Y P P C C G L G L T U
G G M E D T P G A L Q W S
D I J P S L I C E Q I Q H
X O P P N B T R Z O R S R
W B N E Y C A H Q N D A O
Z K D R P Z H C D I C U O
H U A O Z P D E O O K S M
G A L O J X E C E N U A S
A B M O U H C R U S T G G
M F R X N U P J O K E E H
P V I P W Q L Z F N O Q U
M N H C J C O W Z Z I D Z
```

DOUGH   MUSHROOMS
PEPPERONI   ONIONS
CHEESE   HAM
MOZZARELLA   PEPPER
CRUST   SAUSAGE
BACON   SLICE

POLICEMAN

```
Q W O N L C F B H U B J E
I Z C R I M I N A L S V Z
N Y R T G Z V X N D I E W
B B I Y H N R O D T G M Q
D Y M A T K I V C D R E R
H Z E R S T W E U O X R O
K L M R C T T S F H B G L
P L P E W E A I F H Y E D
B S T S D I N T L V R N I
X E W T I U Z G I J F C F
D Q S Z R R B F O O K Y L
E U Z N X F E B H R N M S
C Y Y O A F F N N P M L X
```

EMERGENCY   CRIME
UNIFORM   ARREST
LIGHTS   CRIMINALS
BADGE   STATION
SIREN   DETECTION
DETECTIVE   HANDCUFF

POST OFFICE

```
Y U L Y E F Z E L U O N X
C P E A P P O S T M A N B
F A S W E M A I L J O U S
R C T W F S Q S V F G T T
Y K A S T A M P S N Q Y M
U A T E K O J P I P M S O
I G I N X F K B E O E R
M I O G Q L N F T J N R P
F N N R F A N S I I E V T
T G E L B U Y Y J C Y I T
E E R O B S D H B M E C V
U A Y L F E Z D O R D E R
B E P O I J J K H H H V R
```

MONEY
POSTMAN
STAMPS
STATIONERY
PACKAGING
BANKING

PASSPORT
SERVICE
MAIL
OFFICE
SYSTEM
ORDER

REPTILE

```
V S E Y F N V T F Z R O P
C A D M P H Q E Z A G R J
D R N I F Y Z Q Y N Q T S
C L O X A T T P H D H B
I N H C M J F H Z R S P A
V U S F O B Q U O A S P B
D X V I B D O G N N K B K
P L F L R Y I A E A I O B
C E U A X M U L R C N G V
S O Z Y B G T B E O K C I
B I P C I R O I N N D O P
L V R B U C D D N D F G E
K Z Q T A L L I G A T O R
```

ALLIGATOR   CROCODILE
ANACONDA   LIZARD
IGUANA   GECKO
PYTHON   VIPER
COBRA   SKINK
TURTLE   BOA

RIVERS

```
S  H  D  Y  P  Q  L  W  M  U  B  A  Z
M  I  S  S  I  S  S  I  P  P  I  N  F
Y  O  R  M  U  R  J  B  S  J  B  C  A
T  D  W  H  P  A  O  F  A  M  H  O  Z
B  O  X  Q  K  L  A  V  Q  I  W  N  A
Z  L  P  Z  G  A  N  G  E  S  M  G  M
P  E  U  P  H  R  A  T  E  S  L  O  B
G  H  Y  E  F  J  M  E  K  O  N  G  E
G  L  P  N  R  Q  L  S  V  U  T  Q  Z
N  L  A  L  I  I  E  E  Q  R  A  T  I
V  K  G  I  G  B  V  M  N  I  L  E  C
L  T  D  A  N  U  B  E  Q  A  G  A  I
B  I  V  U  W  Z  K  A  R  R  R  J  I
```

NILE	BLUE RIVER
MEKONG	MISSOURI
MISSISSIPPI	GANGES
DANUBE	CONGO
LENA	ZAMBEZI
VOLGA	EUPHRATES

SCHOOL

```
N  I  G  L  U  M  P  Z  E  A  T  J  I
X  V  U  C  U  F  E  L  M  Y  Q  R  L
A  T  C  L  C  A  L  P  H  A  B  E  T
I  R  I  A  S  B  A  P  N  Q  G  V  P
M  E  B  S  Q  J  A  C  O  Y  E  L  T
A  A  H  S  J  R  I  C  R  T  D  K  O
L  D  O  R  G  D  E  S  K  X  U  T  W
Q  I  M  O  V  K  A  J  M  P  C  E  N
R  N  E  O  W  H  S  V  S  A  A  A  R
A  G  W  M  F  H  E  O  B  K  T  C  C
S  Z  O  N  U  M  B  E  R  S  I  H  K
H  T  R  S  U  R  O  I  M  C  O  E  S
J  E  K  H  I  S  T  O  R  Y  N  R  T
```

HISTORY   ALPHABET

MATH   NUMBERS

DESK   HOMEWORK

BACKPACK   GEOGRAPHY

READING   TEACHER

EDUCATION   CLASSROOM

SCIENCE

O	F	C	R	P	O	S	I	T	I	V	E	J
K	M	E	Y	Z	G	Q	P	M	K	M	Y	C
P	L	I	S	E	A	L	V	E	N	D	S	H
Z	C	O	S	W	L	P	R	O	C	E	S	S
D	Q	B	R	Z	U	E	I	P	N	I	E	S
G	S	S	A	G	T	T	C	E	P	L	E	C
C	A	E	N	U	A	H	G	T	B	W	J	S
O	P	W	A	U	X	N	E	A	R	G	A	V
N	T	H	L	O	B	B	I	O	L	O	G	Y
L	K	A	Y	L	C	R	W	S	R	Q	N	P
N	V	Q	S	X	A	T	O	M	M	Y	G	V
E	X	T	I	V	T	Q	Y	L	Q	I	L	P
N	C	Z	S	G	J	A	E	G	W	K	S	Q

GENES   ANALYSIS
THEORY   ELECTRON
BIOLOGY   POSITIVE
SPECIES   PROCESS
ATOM   ORGANISM
VARIABLES   EVALUATION

SHOPPING

V	S	D	Z	D	C	D	C	M	I	U	V	O
S	R	F	W	A	I	M	L	A	O	A	L	T
W	U	A	S	R	F	A	O	G	S	A	L	E
Z	X	S	T	E	E	S	T	R	D	H	G	T
Y	H	H	O	D	C	G	H	P	E	B	F	N
L	W	I	R	A	L	O	I	T	B	U	A	W
V	Y	O	E	X	P	E	N	S	I	V	E	X
H	U	N	D	G	T	B	G	D	T	N	V	T
I	T	A	C	W	E	O	P	C	H	E	O	R
U	U	B	J	S	L	H	H	B	O	A	R	E
P	S	L	K	B	K	A	K	A	A	K	N	N
C	H	E	A	P	W	D	N	E	G	I	G	D
H	C	Q	H	H	K	I	E	A	F	M	G	Y

CASH   FASHIONABLE

DEBIT   CHEAP

SALE   REGISTER

STORE   SECONDHAND

EXPENSIVE   NEW

TRENDY   CLOTHING

SKI

```
I  X  J  I  K  J  D  D  B  W  I  V  E
K  Z  A  Z  P  G  O  Q  F  I  K  B  K
V  N  I  B  F  O  W  E  J  N  H  B  C
P  A  T  V  F  Q  N  I  T  T  N  I  B
C  N  V  U  D  I  H  F  I  E  D  G  V
L  H  Q  B  P  M  I  H  M  R  G  C  P
X  C  V  L  O  L  L  A  O  J  W  E  O
S  A  A  L  R  O  L  N  U  O  U  O  J
T  R  A  I  L  S  T  G  N  F  T  Y  Y
D  L  A  F  R  E  E  S  T  Y  L  E  E
S  H  H  N  P  A  K  Z  A  U  J  D  C
C  O  M  P  E  T  I  T  I  V  E  R  T
J  Y  E  X  D  U  H  D  N  W  O  V  U
```

BOOTS	COMPETITIVE
DOWNHILL	FREESTYLE
SLALOM	NORDIC
SNOW	TRAILS
WINTER	CHAIRLIFT
ALPINE	MOUNTAIN

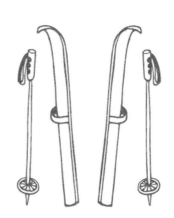

SOCCER

```
I Y I D C S T A D I U M F
R T M G A C O A C H G E B
J E M H E E U O G D N I V
F A F O S T R I K E R R G
W M D E G P N L H J I A O
Z L D Y R Z A F L E M D A
W I G X K E M O Q N J K L
L M A N A G E R S Z D D K
O K J S I A N W L L U W E
S B L C A P T A I N H T E
A P H O R J O R V R I G P
L Y T R Q G B D C W X P E
A W I E O O P D E A J A R
```

GOAL   CAPTAIN
TOURNAMENT STRIKER
GOALKEEPER REFEREE
MANAGER   STADIUM
TEAM   SCORE
FORWARD   COACH

SOCIAL MEDIA

L	U	R	T	B	M	T	F	Z	V	O	Z	A
A	V	Z	A	I	D	E	W	G	I	Q	I	Q
C	M	Z	U	B	K	T	A	E	D	D	N	M
E	N	M	Y	O	U	T	U	B	E	I	S	L
Z	T	H	F	Z	H	W	O	M	O	T	T	Z
A	J	S	F	S	O	I	E	K	B	S	A	S
L	U	J	A	A	P	T	V	Z	O	L	G	H
V	T	H	G	K	C	T	H	P	S	U	R	C
J	B	L	O	G	G	E	R	H	N	N	A	Z
X	N	P	G	S	P	R	B	Z	B	C	M	V
Y	B	X	U	O	A	S	W	O	J	O	F	M
S	T	J	A	M	E	W	Q	B	O	F	A	F
V	X	E	D	X	F	Z	G	S	Y	K	I	I

FACEBOOK   VIDEO
TWITTER   TIKTOK
BLOGGER   HASHTAG
MEDIA   TUMBLR
YOUTUBE   TWEET
INSTAGRAM   POST

SOLAR SYSTEM

```
M A E Z J N T B T U W R N
Y L N B M E R C U R Y L Z
L J B C F X C S N A R H V
Z G Z S S J R T F N O N N
W I A K P A V E N U S H C
V O N L M D T L U S H I N
C X N S A S T E R O I D E
L J V G W X V S L V M E P
F U X Z D T Y C W L A A T
O O R M E T E O R B I R U
U U Z K J P K P X A N T N
X B E Q C O M E T U E H E
R G A M O C C I Y P J K Y
```

NEPTUNE   VENUS
EARTH   MERCURY
MARS   SATELLITE
GALAXY   ASTEROID
COMET   METEOR
URANUS   TELESCOPE

SPORT

```
O F I Y K K V P D U R I K
I S A H N F O O T B A L L
A J H O G Z L C C R F N S
N B V C R T L U U V E Q V
B M U K V Y E S K X B Z X
Z A R E A J Y N O L B J J
A R U Y T R B F N C M C Q
S A G Y M N A S T I C S W
R T B C B Z L T G Z S E N
P H Y N N K L R E O Z P R
M O H O H A N D B A L L F
B N S I N J B A M H U F B
P S B A S E B A L L N F I
```

TENNIS   VOLLEYBALL
SOCCER   GYMNASTICS
KARATE   RUGBY
MARATHON   BASEBALL
FOOTBALL   HANDBALL
GOLF   HOCKEY

SPRING

```
L Y F V X H O U J W Y O T
B L O S S O M T Y N C N O
I A R R R R G A R D E N G
L J E F A B M H R T M C G
O R B W P I C N I C X G U
R H R J R N W J F H U T
G L T L I D A B C L Q H E
Z U S T L S T L O O S C H
B W U R A C U S Q W W T W
A J H U W R R Q X E T N H
J L E A S T E R Z R K R H
E M I Z E J I A O S C T E
T C O J U G U S Z V C V U
```

FLOWERS   EASTER
GARDEN   MARCH
BIRDS   MAY
PICNIC   APRIL
RAINBOW   BLOSSOM
WARM   NATURE

SUMMER

```
D O A V T P Y J S I J W C
S W I M S U I T U C Y A A
V U L G Q E S P N E H T M
P U N A B X H N S C N E P
D T R G H A O F H R T R I
J B J Z L I R E I E U M N
C A E O T A T B N A A E G
W P O A Y L S K E M U L J
S P C Y C B W S D C Q O A
U A U K R H I P E L U N H
V E L K E A Z Z Q S R E D
Q L E M O N A D E E T R R
J P C E K U P K C C I P E
```

ICECREAM   WATERMELON
SUNSHINE   POOL
SWIMSUIT   SUNGLASSES
BEACH   CAMPING
BARBECUE   SHORTS
VACATION   LEMONADE

SUPERHEROES

```
Z  G  I  R  O  N  M  A  N  I  F  V  Z
E  H  C  X  W  O  H  R  A  S  F  C  L
X  U  F  B  O  O  L  R  V  T  M  L  A
I  L  R  A  L  G  C  O  S  S  H  J  D
V  Y  Z  T  V  H  Q  W  P  S  G  O  A
Q  Z  B  M  E  E  U  U  A  P  H  J  R
M  G  Y  A  R  F  N  L  N  I  G  L  E
I  F  N  N  I  L  F  G  K  D  N  W  D
T  V  Q  S  N  P  V  V  E  E  V  O  E
Q  X  H  D  E  U  I  O  M  R  P  P  V
K  A  F  C  O  C  N  X  M  M  S  T  I
V  G  K  S  U  P  E  R  M  A  N  D  L
I  N  D  W  T  P  X  J  F  N  Z  L  U
```

BATMAN	HULK
IRONMAN	SUPERMAN
SPIDERMAN	XMEN
WOLVERINE	AVENGERS
ARROW	DAREDEVIL
FLASH	THOR

THANKSGIVING

```
X S Q E G I Z I E F O H I
C H C M L L Z Q R A G O F
N A W D T O C Y I M R L D
G R N O D A Z P Y I A I W
Q I K L D C O Y V L T D O
U N K V N C C D Q Y I A H
X G C T U B B O U N T Y A
F X O N T W P E J V U B R
R T R A D I T I O N D Z V
F O N C C O T U R K E Y E
C R A N B E R R I E S O S
V O F O D O P A R A D E T
A O Z E G L B C W R K Y U
```

FAMILY   BOUNTY
GRATITUDE   TRADITION
TURKEY   PARADE
HOLIDAY   HARVEST
SHARING   CORNUCOPIA
CORN   CRANBERRIES

TRANSPORTS

```
E  L  D  L  S  U  B  M  A  R  I  N  E
X  B  N  T  U  O  O  U  M  O  Z  L  H
M  S  V  T  B  X  A  E  S  C  C  Q  M
G  I  M  E  W  P  T  T  S  Y  E  S  I
I  Q  E  U  A  S  A  U  C  S  A  K  W
G  D  T  Y  Y  I  P  R  R  A  I  A  G
S  P  W  X  S  I  O  O  U  N  R  T  T
Q  M  R  S  F  T  H  V  I  Y  P  E  T
L  T  B  F  O  D  Y  A  S  U  L  B  N
U  S  A  M  W  R  R  A  E  J  A  O  R
E  Q  B  U  P  T  T  W  A  A  N  A  O
Z  S  H  E  L  I  C  O  P  T  E  R  C
A  U  Z  Y  N  S  Z  X  C  L  I  D  Y
```

CAR   HORSE
AIRPLANE   SUBWAY
TRAIN   BUS
BOAT   SUBMARINE
HELICOPTER   CRUISE
MOTORCYCLE   SKATEBOARD

TREE

```
H I C K O R Y J X B V B H
Q E V Z T Y O S O N M C J
L Q I Y E Z V R K E R Y X
C D P L S B L Q Y A F B C
W W B V K X E V L E N D A
O W F Y F E R M A F Y T X
P I C A N B P I N E U N V
L F P F B M O I L N E X A
H M Z B L U D P T P S O Z
P X V E Q B A S S W O O D
V N L E U M E A O O W X Z
M M S C H H E M L O C K W
Q T I H C Y P R E S S C X
```

CHESTNUT   HICKORY
MAPLE   LARCH
BASSWOOD   HEMLOCK
CYPRESS   BEECH
SEQUOIA   PINE
ASPEN   ELM

TROPICAL

```
J T Z K Q T U E Q I Y X Y
F D V A G V C Z J Z K U T
T F B A N A N A U S V U A
Z A Q X U J Y Z R T N R M
E J J U T A K Y I O C E A
R F T U P C V U C J E A R
G S Q A O K R O M H A U I
O Q P X O F C A C Q L U N
I X H B R R G Y K A U D D
D J C A L U L U S E D A P
B H T D N I L M A N G O T
A S J V S T H Z I V U F D
P I N E A P P L E B A G V
```

AVOCADO   STARFRUIT
BANANA   GUAVA
MANGO   LYCHEE
PAPAYA   TAMARIND
PINEAPPLE   COCONUT
JACKFRUIT   KUMQUAT

US CITIES

```
N C B U W D L Q D V D W R
D P H H Q U O C A I I O A
S D Z I Z C S P L J A W N
E E W Z C J A J L I W K L
R N A T L A N T A Z R I W
N V S T F A G O S O N H J
E E H I T Z E O Y T C O K
U R I E S L L W F O Z U F
N D N T H M E M P H I S Y
W I G U H N S L E D D T Z
D E T R O I T L B U Z O K
P F O F R X B O S T O N T
C O N O F Q R W S U V T T
```

ATLANTA	MEMPHIS
CHICAGO	DETROIT
BOSTON	HOUSTON
SEATTLE	LOS ANGELES
DENVER	WASHINGTON
NEW YORK	DALLAS

US STATES

```
P U G C G P D B M L G I W
X X E H M L B H I O B Y H
H L O V I R G I N I A X A
A W R T L C T M N V P D H
Q R G Z L A E G E E I T A
I D I Q P I J S R H M P
F E A Z N C O L O R A D O
U L L A O O G L T B A B W
I A N R I N F J A D S J S
Z W S T S N A L A H P A G
I A M G V C A V V T X H R
Y R T E N N E S S E E C Q
H E O I H N L H T J G T R
```

VIRGINIA   ARIZONA
TENNESSEE   TEXAS
MINNESOTA   NEVADA
GEORGIA   ALABAMA
ILLINOIS   FLORIDA
COLORADO   DELAWARE

VACATION

```
N V U Z F G E V X C U T K
S O D N R P O O L L U Y C
O Y H Z O S G R E S O R T
U A S R F N N V U U X E Y
G G U L M O A Y K O V S Y
P E X C U R S I O N A T Y
U G E Z T K W Y K H R A V
Q D K C C E Q S H A D U Z
H B Z S A L D E P I W R M
Z F E S T I V A L G F A C
D Y I A C N U O B U G N Y
T U F Z C G H D T O E T I
V F C P O H Q H U C Z D J
```

RESORT   EXCURSION
POOL   BEACH
VOYAGE   EUROPE
PARTY   HOLIDAY
RESTAURANT SNORKELING
FESTIVAL   TRAVEL

VEGETABLES

```
I R O R Z V E U S N A V F
H N C M X W G W V H R D H
U P A S C Y G F A R T S Q
Q E U P E E P I S I I A Q
C G L I U P L D P D C H N
F K I N X O A E A P H F D
Q W F A C I N R R R O E G
Q T L C B T T V A Y K N S
B T O H T J A I G E E N P
N R W M E C U C U M B E R
B U E O A E H R S I S L P
I C R L E T T U C E T W Z
U O U H Z X O O H H U K E
```

CUCUMBER   LETTUCE
BROCCOLI   CELERY
CAULIFLOWER   TOMATO
ARTICHOKE   SPINACH
ASPARAGUS   FENNEL
EGGPLANT   RADISH

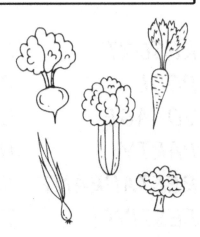

VIDEOGAMES

```
U D O C P K U U C B T P G
V U S O F F O R M F I L N
W N O V M B O G A G I A W
C M I C E X A R M R I Y M
S O W N W S C Q T I A S A
J I N H T E I N W N O T R
L B Y T N E R G A Z I A I
Y P P I R S S N P R N X T O
G A M E B O Y D Z D B I E
N C M G O E L Q O X O O R
B M O W V P P L N G X N W
V A E N F T T R E W V O L
Y N X C X Y C L J R S F E
```

FORTNITE   XBOX
LEGO   GAMEBOY
MARIO   NINTENDO
PACMAN   WARZONE
CONTROLLER MINECRAFT
PLAYSTATION WII

VOLCANO

```
C G L X I U P C Y C D C D
C A L D E R A Z T Q N T A
T G Q A E B B C Z O V E X
A D Q T Z D N A I U V M O
L O A V C I G S N G C P T
E R U P T I O N W E A E D
C M F X C L K E M L Y R N
Z A E X P O B S I D I A N
B N G X Q Z L H D S P T Z
Y T E I H N A R E E O U T
F Z N G F W V S Z R S R Y
G V Q P V I A C T I V E P
O T W M A G M A Q N Y Y D
```

MAGMA   TEMPERATURE
ACTIVE   LAVA
ERUPTION   GASES
EXTINCT   OBSIDIAN
CRATER   DORMANT
CALDERA   EXPLOSION

WEATHER

```
R N Q O Y B A R X C F Y G
N C F U O C U H J L U F E
L C S M F J F O G O Q K U
K M U N F C M T V U O J R
T A N K R G C R U D G V P
Z X S M E F R L A S W S R
Q G H M E I E N O I I U L
B L I Z Z A R D L U N N V
Q A N M E O K N U A D N A
L I G H T N I N G S Y Y Y
F K B I K Z K F G X G M D
F D T V G Q D R Y G X K J
T J T B P Z E O A G P I W
```

CLOUDY   TORNADO
RAIN   FOG
SUNNY   LIGHTNING
WINDY   CLOUDS
FREEZE   HOT
BLIZZARD   SUNSHINE

WEDDING

```
G C N A J N R T T K C U Y
Q E Q F P M H U S B A N D
Z O G J A Q W R E R O O C
H E G Y K U I S T M B Z B
S B O G R J F O E M B S T
B F O R E V E R S A R G S
X L C W I S E E V S I D R
L O V E I C L G S V D V G
J W X M A R R I A G E L O
N E O Y W E K I U T Z H Q
E R V I G L G R N R X Q W
P S S U F P K D Z G W O I
C V I N E P R O P O S A L
```

HUSBAND   WIFE

MARRIAGE   PROMISE

BRIDE   CEREMONY

PROPOSAL   KISS

LOVE   RINGS

FLOWERS   FOREVER

WINTER

F	C	A	A	O	O	X	S	T	I	N	Z	G
B	P	L	X	X	C	S	F	M	Z	Y	R	X
S	Q	L	S	V	G	R	N	C	Y	W	E	Y
S	N	O	W	M	A	N	Q	Y	D	J	H	M
F	Z	G	K	C	S	N	C	V	F	L	Z	Z
G	E	I	S	K	A	T	I	N	G	D	W	Y
L	Z	X	N	K	C	Z	X	I	L	E	K	M
G	Y	Y	O	J	I	F	B	O	O	T	S	M
S	S	C	W	R	I	D	Y	Y	V	Q	Z	B
F	R	O	Z	E	N	C	C	Y	E	Q	A	Q
N	C	L	G	I	V	I	N	G	S	F	Y	I
O	D	D	W	A	I	B	C	O	C	P	P	G
N	Q	U	T	L	P	L	O	E	A	N	I	Y

COLD　　　　GIVING
FROZEN　　GLOVES
ICE　　　　 SCARF
SNOW　　　WIND
SNOWMAN　SKATING
BOOTS　　　SKI

ZOO ANIMALS

```
X  L  T  I  G  E  R  N  I  M  W  T  E
U  R  V  L  H  W  J  H  P  K  N  D  N
K  C  O  Q  T  C  Y  S  I  A  F  I  A
C  O  M  Z  Z  A  A  P  H  N  U  K  M
H  B  I  G  S  M  Y  P  P  G  O  D  Z
I  X  I  U  Q  E  E  Y  N  A  R  L  E
A  X  R  M  K  L  L  E  L  R  N  P  B
L  Y  Z  N  E  L  P  L  T  O  H  D  R
H  J  O  I  S  E  I  U  R  O  V  V  A
W  M  K  B  O  R  R  O  U  E  J  K  H
V  P  X  P  O  C  L  K  N  C  L  C  I
P  A  Z  G  N  I  H  B  A  Y  I  V  Q
C  Q  Z  U  B  G  J  M  D  T  M  B  E
```

TIGER   GORILLA
ZEBRA   KANGAROO
PENGUIN   ELEPHANT
PANDA   CAMEL
MONKEY   RHINO
LION   MEERKAT

100 WORD SEARCH SOLUTIONS

ACCESSORIES

R H U G M U G Z H D O U A
S W I C T M S N P C O M B
X S V W U P S T F H B W
V O J G H X E U B M J X
P G H S A E E U G T N U O Y
A S T A I T T N O G M
K R E T R H I G O E
P Y O E A I R E L
W O I T L Y O G W
B E A R K D
C W K R P G
V C T U S Q E
H V R Y R Z D S S V C R

ADJECTIVE

Q Z P H E W J Y E W Z B U
S H F N M C J R R Z D I R Y N
T Z F O L O G S S W U T G Z
N G K G F U N N Y
C L N A D O R A B L E V N R
E Y F C R M L W Z R V I Q
A E H O T Y Z R H O U R
K P W J N S T M C X U R W
F C A E A N X I O U S X E
G E V I R A R W D F V
H S X I C B Q O E O M V
A C H O B E W Q U U D A U

AFRICA

N V H F R H N O H X O G I
J S S E Y C H E L L E S S
X Z A O F R I K I A G E E
G U X F M O O T O A C Z N
B A M A D A G A S C A R E
V C C Z S L A T O R G
M M A U R I T I U S I Q A
G Z I E Z C U A D M I L
B R M G A B O N B S Q
B A N U U I O X
O Y R L M P S A M
N T U P A O E B I K
O B T N I G E R I A

AIRPORT

J L Y M P F L Y I N G P R
E L A T F I N N O H F L S
P K G A I R L I N E S A F
K X D Z S C T O P S A W
K V C B S A K Y T K Z T T
Q L O V X X T L A C Y
M R G R M F E L M F X
B D B G E V P C V O X
T G S Y I C A R R Y O N
L C U O N R I G R L P D T
Z N S G T A O N E H X T G
D E S T I N A T I O N K U

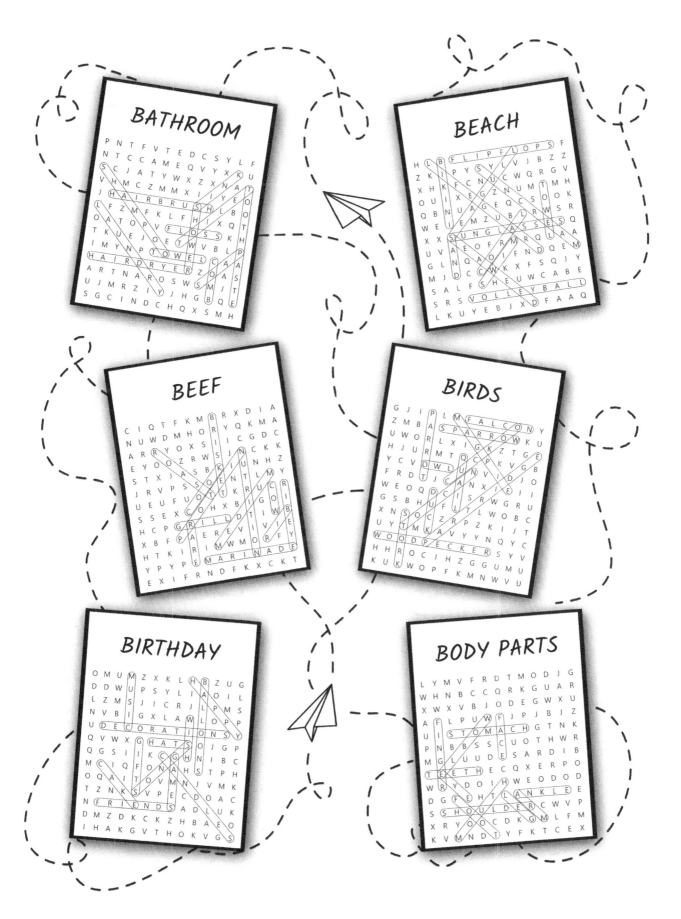

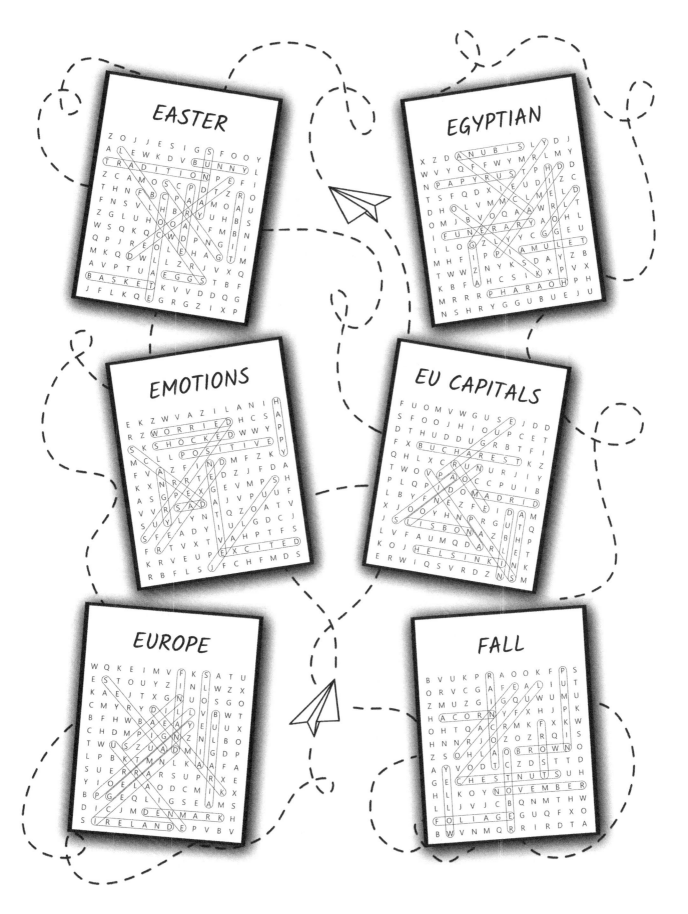

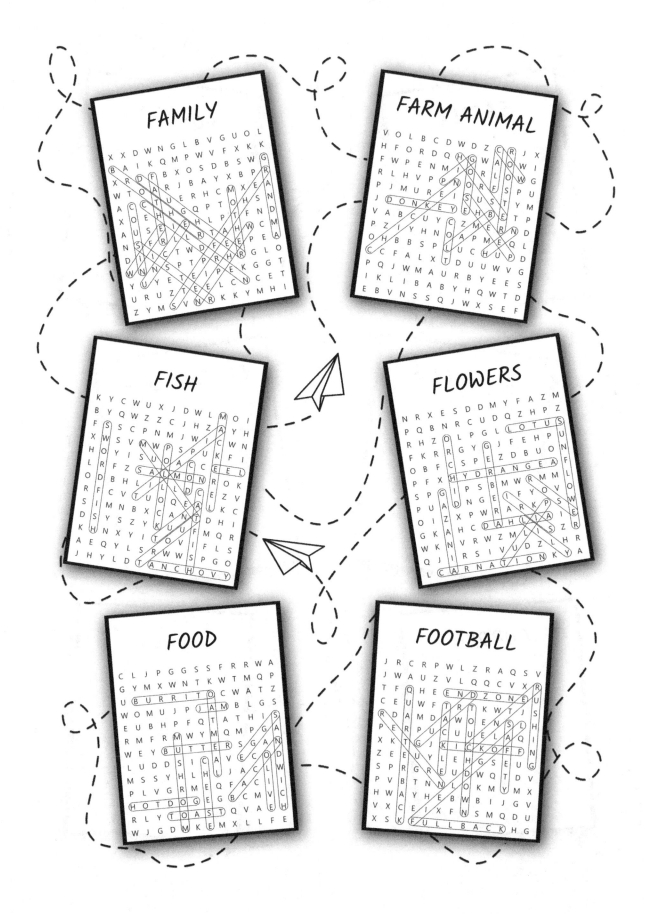

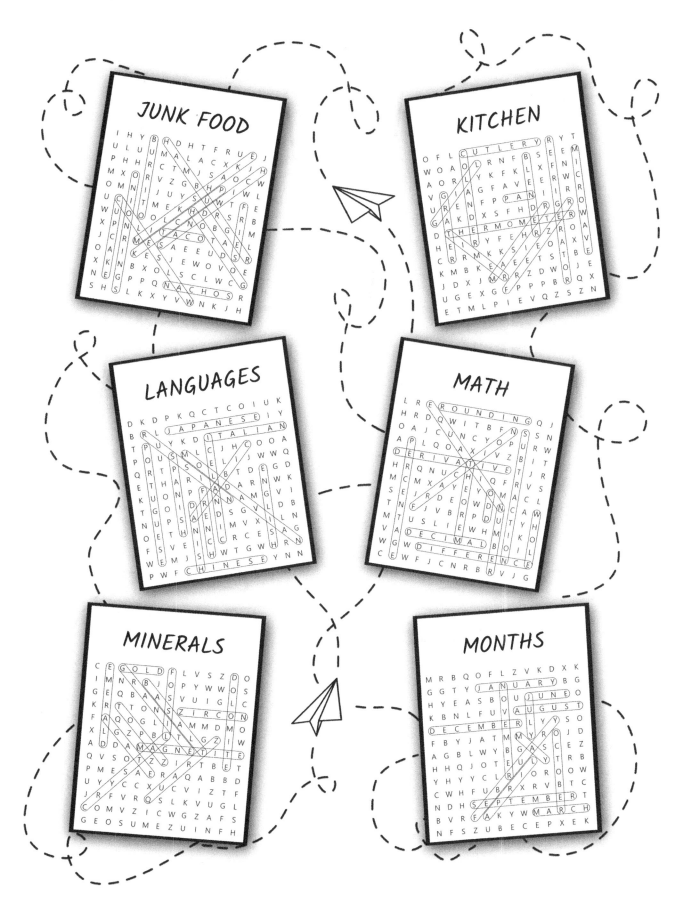

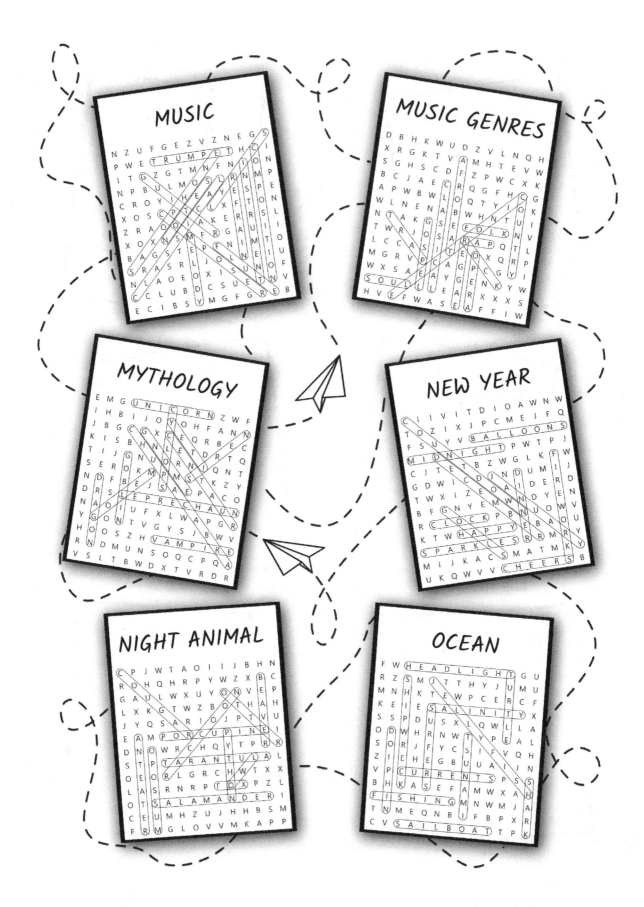

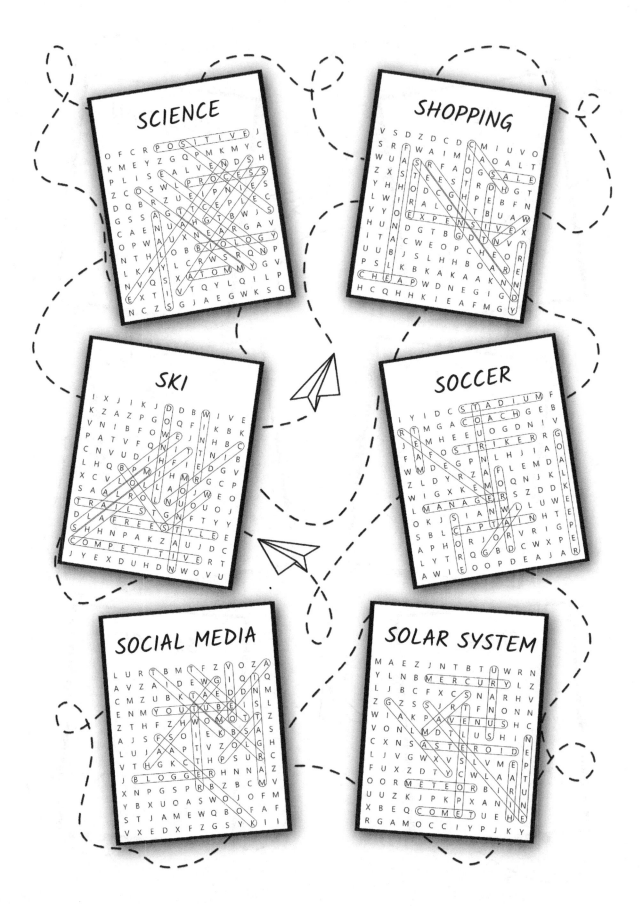

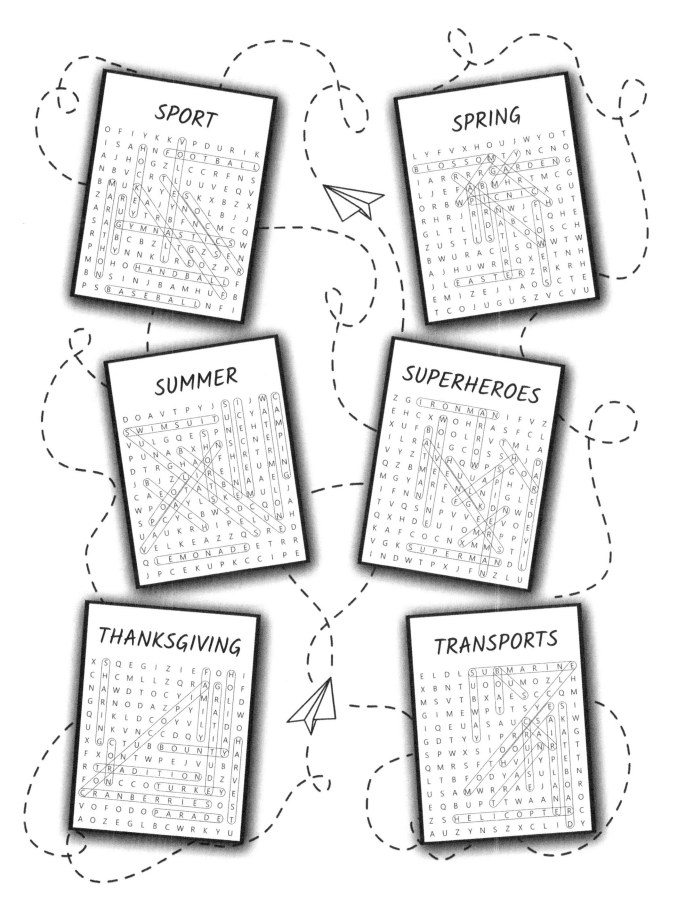

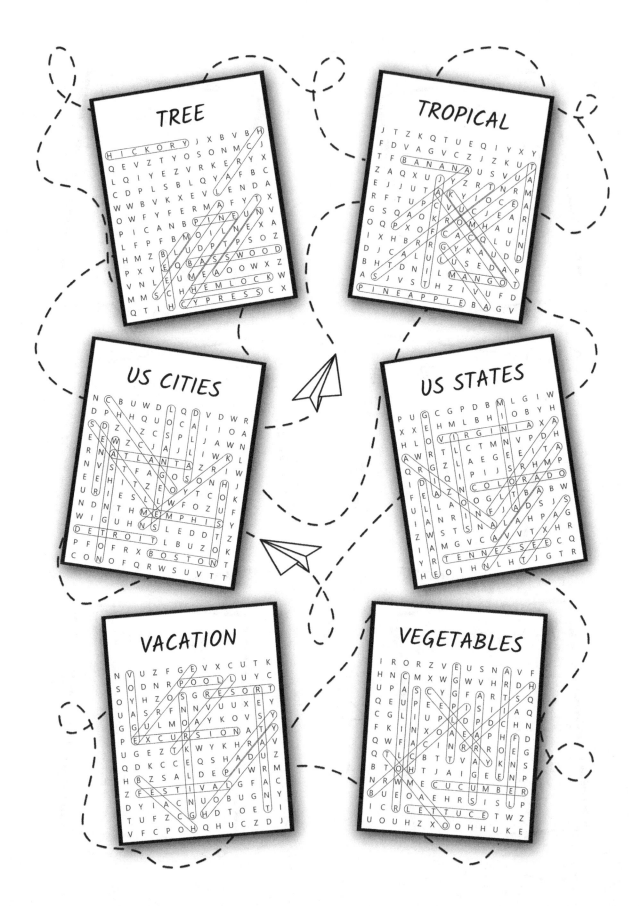

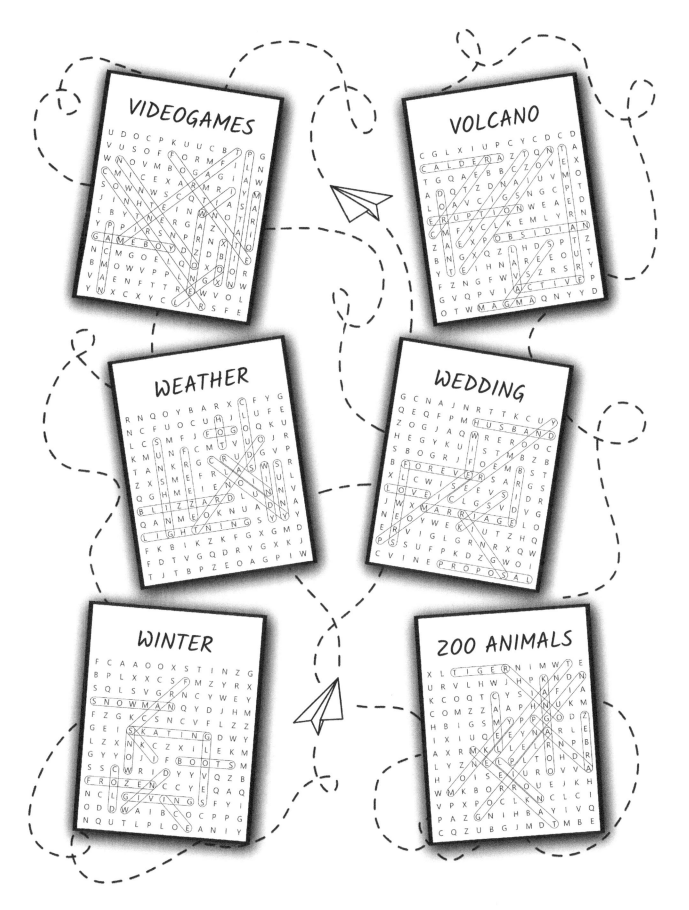

Made in the USA
Monee, IL
03 November 2024

69219948R00066